闯关古文明

幸好不是古罗马人

〔英〕戴维·朗 著 〔英〕艾伦·法蒂玛哈兰 绘

钟晓辉 译

中国水利水电出版社
www.waterpub.com.cn

·北京·

内 容 提 要

本书让19位古罗马不同阶层的人以自述的口吻，介绍他们的日常生活。这些人中有皇帝，有王公大臣，有自由民，有角斗士等。通过不同阶层人物的自述，读者可以对古罗马社会有一个立体形象的认识，对古罗马历史有生动具体的了解。

图书在版编目（CIP）数据

闯关古文明：幸好不是古罗马人 /（英）戴维·朗著；（英）艾伦·法蒂玛哈兰绘；钟晓辉译. -- 北京：中国水利水电出版社，2022.8
  （大开眼界）
书名原文：We are the Romans Meet the people behind the history
ISBN 978-7-5226-0830-3

Ⅰ. ①闯… Ⅱ. ①戴… ②艾… ③钟… Ⅲ. ①古罗马－历史－青少年读物 Ⅳ. ①K126-49

中国版本图书馆CIP数据核字（2022）第121881号

Original Title : We are the Romans
Meet the people behind the history
Text © David Long 2021
Illustrations © Allen Fatimaharan 2021
Published in 2021 by Welbeck Children's Books
Based in London and Sydney

北京市版权局著作权合同登记号：图字 01-2022-2737
审图号：GS（2022）3068 号

书 名	大开眼界 闯关古文明——幸好不是古罗马人 CHUANGGUAN GUWENMING ——XINGHAO BU SHI GULUOMAREN
作 者	〔英〕戴维·朗 著　钟晓辉 译
绘 者	〔英〕艾伦·法蒂玛哈兰 绘
出版发行	中国水利水电出版社 （北京市海淀区玉渊潭南路1号D座　100038） 网址：www.waterpub.com.cn E-mail：sales@mwr.gov.cn 电话：（010）68545888（营销中心）
经 售	北京科水图书销售有限公司 电话：（010）68545874、63202643 全国各地新华书店和相关出版物销售网点
排 版	北京水利万物传媒有限公司
印 刷	河北朗祥印刷有限公司
规 格	216mm×250mm　16开本　4印张　52千字
版 次	2022年8月第1版　2022年8月第1次印刷
定 价	69.00元

目录

我们是古罗马人

Slave（拉丁语"你好"的意思）！你即将启程去罗马帝国旅行啦！在这次旅行中你会看到什么呢？古建筑的残垣断壁？华丽浮夸的帝王雕像？都不是。在这次旅途中，你会遇到我们这些真正的古罗马人。你会看到我们是怎么工作、怎么上学、怎么吃饭、怎么上厕所的。我们的生活在很多方面和你是一样的，但也有非常不同的地方。快来了解我们吧，祝你旅途愉快！

罗马帝国介绍

大约2000年以前，罗马人统治着当时世界上最大的帝国。帝国的首都设在今意大利境内。从首都出发，一支训练有素、装备精良的罗马军队一路高奏凯歌，征服了欧洲大部分地区以及亚洲和非洲的部分地区。其中包括现在的英格兰和威尔士、西班牙、葡萄牙、法国、德国、希腊和土耳其等，还有埃及和非洲北部的几个小国家。

在战败国里，一些人被俘并成为奴隶，但也有数百万人最终成为罗马公民，或者加入罗马军队。他们学习说当时的官方语言拉丁语。数以百计的新建城镇拔地而起，供这些新罗马公民居住。

几百年来，罗马军队一直在征战，无数人在战争中死去。但是在那些被征服的土地上，罗马人也帮助当地人改善了他们的生活状况和条件。所以，一方面，罗马帝国扮演了野蛮的征服者角色；另一方面，罗马人也是欧洲文明的缔造者，推动了欧洲文明的进步。

罗马帝国的结局

　　很多历史学家认为，罗马帝国是盛极而衰的，也就是达到了非常兴盛繁荣的程度，但无法长久维持。约公元4世纪的时候，罗马帝国的领土面积非常大，一个人根本治理不过来，于是实行"东西分治"。曾经有一段时间，甚至有四位皇帝同时执政。从罗马出发到帝国边境旅行，要花费数周甚至数月的时间。罗马帝国一分为二后，由于周边部落的不断进犯，渐渐分崩离析。

罗马帝国遗产

　　罗马帝国培养了很多优秀的建筑师和工程师。很多在罗马时期修建的道路，今天仍在使用。数百座罗马时期的建筑，今天仍然屹立不倒。在建筑上，罗马人发展了砖石拱券（xuàn）技术。通过应用拱券结构，他们建造了比以往更高大的建筑。罗马人也是出色的发明家。当时富有人家的房屋就已经实现集中供暖了，也装置了淡水管路系统，甚至还有类似空调的装置。很多现代的东西都可以溯源到罗马时期，比如日历、外科手术工具、法律体系等。

我是皇帝

我的全名叫涅（niè）尔瓦·图拉真·神圣的涅尔瓦之子·奥古斯都。这么长的名字叫起来很不方便，记起来更加困难。因此，臣民们都称我为图拉真或者恺撒*。恺撒是神圣罗马帝国元首的头衔。100年以前，人们就这么称呼皇帝了。

我现在是个老年人了，大多数时间都爱待在罗马。在领土如此广大的罗马帝国巡游是一件困难的事，也很耗费时间。我更喜欢待在宫殿里。大多数子民从来没有见过我，但他们知道我长什么样子。因为罗马帝国所有城市的街道上都矗立着我的雕像。当然，城市的街道也有我之前的那些罗马皇帝的雕像。

在年轻的时候，我还不是皇帝，我的大部分时间都在边疆与敌人征战厮杀。我征服了新的领地，使罗马帝国的版图进一步扩大。现在，它是世界上最大的帝国了。一个人哪怕用一生的时间也无法游遍罗马帝国全境。我的谋臣告诉我，从罗马一端到另一端超过了3000千米。

有些皇帝是从他们的父亲那里继承的皇位，但我是被选上的。由于我在军队里的突出表现，之前的皇帝涅尔瓦选择我做他的继承人。对于一个人来说，这是无上的荣耀。我选择我的表亲哈德良做自己的继承人。

注：此处的恺撒仅为称号，并非罗马共和国时期的独裁官恺撒。

虽然我老了，但在罗马帝国没有人比我权力更大。我召集贤能的人辅佐我，让有智慧的祭司指导我，命令最伟大的将军为我战斗。他们都知道皇帝才是掌控一切的人。

　　罗马的法律是由元老院制定的，而我通过控制元老院掌控帝国，军队也归我所有。现在，军队的军官和士兵都支持我，就如同从前的军队效忠皇帝一样。在我死后，他们还会支持哈德良以及之后的其他皇帝。

　　罗马帝国的皇帝拥有如此大的权力，他可以是善良之辈，也可以是邪恶之人。而在罗马历史上这两种皇帝都曾经有过。至于我，我承认，我下令处死过很多犯罪之人，但是，我也让很多无辜的人获得了自由。同样，我的军队在战争中曾经杀死数千人，但是他们并非为我个人而战，他们是为了罗马帝国的荣耀而战。

我是贵族

每个人都认识我，因为我是提图斯·加里奥·赫尔马，一位贵族。我非常富有，是一位重要人物。

几百年以来，罗马社会一直有不同的阶层，有像我这样的贵族阶层，也有平民阶层。我的父亲是贵族，我的爷爷也是贵族，我们祖祖辈辈都是贵族，所以我也是。在罗马一直都是这样的。

在我出生之前，贵族阶层是罗马的统治者，而平民是被统治的。但现在不是这样了，现在皇帝统治所有人。其实我很希望能恢复以前的样

子。不过现在贵族阶层仍然很重要，因为我们手里掌握着钱和权。我比平民要富裕得多。比如，我有好几幢非常豪华的大房子，平民的房子根本没法和我的住宅相提并论。我还有很多奴隶，至少有400人，我自己都数不过来。我也没有兴趣记住他们的名字，毕竟他们只是奴隶。

平民们似乎不太喜欢我。不过我不介意，因为我也不喜欢他们。我的一个朋友告诉我，平民们觉得我傲慢又无礼。我就很纳闷，我从没跟他们说过话，他们是怎么得出这个结论的。当然，就我个人而言，我也绝不会和他们说话。我自然更喜欢和其他重要人物一起聊天。例如，我总是告诉政治家们和军队里的将军们应该怎么做。但其实我已经注意到了，他们现在对我所说的并不像过去那么感兴趣了。

我是奴隶男孩

我叫布波。我住在主人马库斯·卢修斯家里。他告诉我，我大概十岁。

马库斯大多时候是很和善的，但我每天还是要努力工作。早晨我必须早早醒来，在大家起床之前，打扫好房间，把生火用的木柴拿到厨房。之后，我还要清扫庭院。有时，我会把院门打开来迎接主人的客人们。他们都是重要人物，因为我的主人很富有。

在罗马，奴隶的孩子生下来就是奴隶。所以，我的生活一直都是这样的。我的妈妈已经去世了。她是我主人的奴隶，所以我也是归主人所有的奴隶。其他的奴隶会被放到奴隶市场上买卖，我觉得我不会。

我只能睡在地板上，所以我总是感觉很累。我听过很多其他奴隶的故事，他们比我惨多了。有一些奴隶的主人很残忍，会虐待他们。还有一些奴隶在地下的矿里挖掘锡和银，或者在大太阳底下盖房子。他们中有男有女，甚至还有小孩子。逃跑的奴隶被抓回来后会受到惩罚，或者会被卖给更坏的主人。

我的主人有九个孩子，他们有几个看起来和我是同龄人。夏天的时候，我看到他们在外面玩耍，开心地大笑，但是我不能加入其中，那是绝对禁止的。他们没有人和我说过话，也不会和家里的其他奴隶说话，除非他们有事情要命令我们去做。

打扫的工作很枯燥，所以我长大后想当一名厨子。我想尽办法找时间待在厨房里，看看厨子是怎么工作的。这样，有一天我也能像他那样当个厨子。厨子知道我想学做菜，有时候会帮助我，边做边给我讲解一下。我非常喜欢这个厨子，虽然他很老了。

我是自由民

在罗马帝国至少有四分之一的人是奴隶。我从前也是奴隶。但现在我是一个自由民。在罗马，人们用自由民来称呼获得自由的奴隶。

我叫卡莉斯塔·苏利亚。我今年大概有40岁了。对于罗马人来说，这个年纪属于老年了。当我还是个小女孩的时候，就开始为我的女主人工作。工作30年以后，按照罗马的习俗，我的女主人给予我自由身份。

我是一位手艺人，大部分奴隶都掌握一门手艺。我一生的大部分时间都在按女主人的要求缝制衣服。我缝的衣服非常符合女主人的心意。我为女主人和她的女儿缝制出最上等的外衣，用的原料是从遥远的中国运来的昂贵华丽的彩色丝绸以及埃及产的最好的棉布。

我为我的工作感到自豪。我为女主人缝制的衣服很漂亮，质量又好，她的朋友们都很羡慕。当然，和其他奴隶一样，我每天都得工作很长时间，手经常被针刺破流血，很疼。即便如此，我有时仍然会怀念过去的日子。

能获得自由，我当然很开心。我现在工作的时候，手还是会被针刺破。但是，我现在为镇上的其他人工作，和以前完全不一样了。我现在的顾客基本上都是像我一样的穷人，没有像我的女主人那样的富人。也就是说，工作还是非常辛苦，但是缝制的不再是漂亮衣服了。

普通的罗马人根本负担不起从中国和埃及运来的奢侈品缝制的衣服。所以我现在大多数时候缝的都是羊毛织成的衣服，有时还有粗糙的亚麻布衣服。我的顾客不需要美丽的衣服，只需要结实耐穿的衣服。他们穿衣服是为了遮身保暖。没有人来找我缝制美丽的新外衣，都是来让我缝补他们已经碎成一片片的旧衣服。

我是老师

我叫鲁杜斯·安得罗尼柯，教6到12岁的男孩读书。我们罗马没有像现代那样的学校。星期一到星期五男孩子们每天会来我家上课。我家有一间专门的房间供上课使用。

我会向学生收取一定的费用，所以来学习的男孩子家庭都比较富裕。穷苦人家的男孩子是不上学的。所有的女孩子也不上学。所以，只有约三分之一的罗马人学习过读写。

特权阶级的人最初是在家里接受教育的。小一点的男孩子会在家里学习读写拉丁文。母亲会教女

孩子怎样打理家庭，怎样做一位好妻子。有的家庭会雇请家庭教师，但男孩子们会来我这里学习比较难的科目，比如数学、希腊语等。我们这些受过教育的罗马人很钦佩希腊人的学识和文化。我教的所有课程都是基于希腊文化和知识的。孩子们用尖利的笔在打过蜡的平板上写字，因为莎草纸（一种用纸莎草制作的纸）非常昂贵，不能浪费在给小孩子练字上。

来我这里的学生必须勤奋学习。课程在每天太阳升起之前就开始了，我有很多油灯供学生们使用。男孩子们在午餐后可以打个盹，之后继续学习直到临近傍晚。学生们基本上不会调皮捣蛋，因为我手边总是放着一根笞杖。男孩子们知道，如果他们不好好学习，我会打他们。

到12岁的时候，大多数男孩子会直接去工作。但是也有一部分会去更高等的学校。在那里，他们会进一步学习希腊语和拉丁语，还有文学和演讲。演讲就是学习如何在一屋子观众面前清楚自信地讲话。很多优秀的演说家最终成了政治家。

我是乐师

这是我的西塔拉琴，我是乐师提图斯·潘萨。

希腊人说，他们音乐演奏得比我们罗马人好。但是，我们罗马人也喜欢音乐。我们的一个皇帝以前就演奏过西塔拉琴，他的琴和我的有点像。还有一位皇帝出资委托别人为他最喜欢的乐师创作作品。至于我，我靠为别人弹奏西塔拉琴谋生，通

常在节日或者葬礼上演奏，或者为舞蹈演员伴奏。

西塔拉琴有点像竖琴。罗马以前的一些乐器是用动物的角和龟甲制作的。但西塔拉琴主要是用木头制成的，因此能发出丰富而响亮的声音。听过我演奏的人说，我的琴音有时像吟唱，有时又像哭泣。听他们这样说的时候，我感到很自

豪，因为我一直尝试使琴音与人的心情相应和。

罗马富人不跳舞，但他们喜欢雇请舞蹈演员为他们表演。而演员跳舞时就需要音乐。我喜欢和其他乐师一起表演，他们都是我的朋友。我们一起演奏出的音乐总是欢快又活泼。

与我合奏的朋友们会吹奏铜制的大号（比我的腿还要长）和一种叫"提比亚"的管乐器。提比亚是由两根管子并排固定在一起制成的。他们还会演奏铃、摇铃、手鼓以及一种脚踩的木制大型响板。很多小孩子觉得这种乐器有点像罗马的便鞋。但实际上这是一种帮助我们在演奏时能跟上彼此节奏的乐器。

在罗马，还没听说有人靠演奏音乐发家致富的。但是我们并不介意，因为演奏本身就是一件非常令人愉悦的事。

我是马赛克画制作者

我叫米罗纽斯，是马赛克画制作者。在我们的城市，到处都能看到我的作品。

罗马人喜欢马赛克。我的作坊会为私人住宅和大的公共建筑物制作马赛克地板。我跟自己的顾客们说，马赛克地板是他们唯一可以在其上行走的艺术作品。我制作的马赛克画绝对是艺术品，虽然我承认自己更像是一名工匠，而不是那种进行雕刻或者绘画的艺术家。

顾客们来到我的作坊，要求我为他们设计各种丰富多彩的马赛克作品。我很高兴能制作出各种符合他们要求的作品。迄今为止，我已经制作出200多件马赛克作品。这些作品的内容有家庭肖像也有农耕场景，有武器也有野生动物，展示了罗马生活的方方面面。最近甚至有顾客要求我制作展示两个角斗士角斗的马赛克画。上周我完成了这幅作品，感到很开心。

即使制作一幅小的马赛克画也需要几天时间，因为一幅画需要用数百甚至数千块小立方体嵌片或者小块大理石嵌片拼接而成。每一块小嵌片比我们小手指上的指甲还要小。大部分小嵌片都是各种不同颜色的石头。但有时我也会用玻璃或者贝壳制作马赛克画，这样制作出来的作品更加生动。我需要花费很长时间才能用小嵌片拼出想要的图案。制作那种覆盖整间屋子的作品需要的时间最长。每次我都

要在作坊里花费数个
小时将坚硬的材料
切割成我想要的
形状。

有时顾客
问我，我最喜
欢制作什么样
的马赛克画。

我告诉他们
是人脸图案的
马赛克画。因为每
个人都有一张脸，我希
望他们能雇我为他们制作肖
像。但是，我也喜欢制作有马的
图案的马赛克作品。我觉得，马是马赛克画中最难
制作的动物。狮子图案的马赛克画也很难制作，最
简单的是鱼图案的马赛克画。但是说实话，我觉得
制作鱼图案的马赛克画有点枯燥。

21

我是建筑者

我叫维果·奥格。虽然罗马的很多著名建筑我都曾参与建造，但是像我这样的建筑者永远都是默默无闻。

我正在建造的是一条宏伟壮丽的渡槽。这条渡槽是皇帝陛下亲自下令建造的，目的是将更多的水引入罗马城。罗马已经有好几条渡槽了，它们加在一起的长度有几百千米。有一些渡槽在地下，它们非常大，甚至像我这样身材高大的成年人都可以在里面行走。我正在建造的这条渡槽是在地上的，像一座长长的桥。

建成之后的渡槽会有近百个高高的拱券，顶端是一条引水渠，将山上的水引入罗马城。

有时我们使用砖和木头，有时我们使用巨大的弧形石块作为建筑材料。但是，我们正在建造的渡槽用的是混凝土，这种混凝土是用火山灰制成的，非常坚固耐用。这真是我们聪明的罗马人的伟大发明。我觉得，我们的建筑在一千年甚至更长时间以后仍然能够屹立不倒。

很多在这里建造渡槽的人都是奴隶，还有一些是皇帝在最近战争中抓获的俘虏。但是，得由罗马人负责指挥建造渡槽，而我就是那个负责人。我指挥奴隶并确保他们按照我的指令做。我们做的是一项非常重要的工作。就像我同我的孩子们说的那样，水对一个城市来说是最重要的，罗马城的人口已经达到100万，罗马需要更多的水。

没有浴室，罗马人就没法洗澡；没有公厕，罗马人就没法上厕所。生活中的方方面面都离不开水，做饭、清洁、制作陶罐甚至是搅拌火山灰制作混凝土都需要水。其他城市可以等待下雨，但是地球上最伟大的城市罗马不能等。不知道为什么，罗马城的水总是不够用。

我是军团士兵

我叫塞肯达斯·尼吉利乌斯。罗马能成为现在的大帝国依靠的是像我这样的士兵。

我是罗马军团步兵，正像你所看到的那样，我的装备十分精良。我有一面用木头和皮革做成的盾牌。我还有两杆长矛、一把匕首、一柄用坚硬的钢铸成的短剑。我们的长官说，我们是世界上最精良的部队。我相信他的话。我们进行艰苦的训练，有最好的武器。我们还穿着最坚固的盔甲。盔甲很沉，穿着它在大太阳底下行军或者遇到暴风雨的时候感到不太舒服。

几年前，军团士兵都是罗马人。但是，随着帝国版图日益扩大，军队的规模也越来越大。现在，军队人数已经达到40万，新入伍的人来自帝国的各个地方。

我则来自非洲北部。与我并肩战斗的士兵来自皇帝征服的各个国家，比如高卢（法国）、不列颠尼亚（英国）等。

没有战斗的时候，我们会行军。行军也是非常艰苦的，因为我们得背着所有的装备和补给。我们

通常每天行军约48千米，除了背着自己的武器以外，每个人还要携带一大羊皮袋掺了醋的饮用水、建造防御工事用的铲子和木头、足够两周吃的军粮，以及炊具，因为每一位军团士兵都喜欢自己的食物。

所以你看，生活虽然不那么容易，但也不错。我参军的时候是二十岁，到四十五岁时就能退伍了。退伍后，我还会得到一些土地。在罗马就是这样的：我为皇帝服务，皇帝会奖励我。我计划退伍后建一所房子，在赏给我的地里种上葡萄树和橄榄树，再看看能不能讨个老婆。

我是女商人

我是维苏威亚·布兰达，像我这样的商人兼船主靠做买卖谋生。你可能在港口看到过我的船萨拉西亚号，它是以海洋女神的名字命名的。

在罗马社会，有很多工作是女性不能做的，大多数女性就是结婚生子过一生。女孩们结婚很早（12岁就结婚了），但我知道我不应该这样，所以我没有选择结婚，而是经商。我的船穿过地中海，去埃及收购小麦，再运回来出售，利润非常丰厚。罗马有很多像我这样的女商人，但总体来说，还是男性商人更多。至于女船主，除了我，我只知道一个。她是埃及人，长得很高大，叫萨拉皮亚丝。但是，大多数从事船上货运营生的人都是男性。萨拉西亚号的船长就是一位男性，船员都是男性，为我装卸小麦的奴隶也都是男性。

从埃及回来最少得花费一周时间。木船容易在暴风雨中毁坏，船员也容易生病。但是目前为止，我们还是比较幸运的。罗马人要吃很多面包和煎饼，这些都是用小麦做成的。我的顾客愿意花高价买最好的小麦，他们知道我从埃及运回来的小麦是顶级的。这意味着当萨拉西亚号到达罗马附近的奥斯蒂亚港口的时候，我的小麦能卖个好价钱。这正是我所期望的。

　　告诉你我的一个小秘诀，那就是成功的商人绝不会让船空着出海。在萨拉西亚号离开罗马去往埃及的时候，我会让奴隶们在船上装满木材和金属制的家用物品，再装上一两箱贵重的珠宝首饰。埃及富人愿意花高价购买罗马匠人打的首饰。我们商人就是这样，哪里能赚到钱，就会出现在哪里。

我是军官

没有军队，罗马帝国就不会存在。没有我们军官，罗马帝国也不会存在。我们同皇帝的敌人战斗，强制推行政令，并执行法律。我叫马卡斯·萨隆纽斯·雷摩思。作为一名军官，我感到很骄傲。

我是高级军官，很受人尊重。我的猩红色披风表明我是军团团长。也就是说全军团5000名士兵都听命于我。他们健壮而勇敢，像巨人一样战斗。我有很多次看到他们令敌人闻风丧胆。我至少有两次看到敌人掉头就跑，因为他们知道抵抗唯有死路一条。

在我的指挥下，军团从东部的美索不达米亚一路高歌猛进，一直打到西部的伊比利亚半岛。我可以很荣幸地说，我们从没打过败仗，虽然很多勇猛的士兵在战斗中牺牲了，或者受了很严重的伤。

罗马士兵进行艰苦的训练，时刻准备战斗。但是在不战斗的时候，他们也会承担很多其他的任务。士兵会在我们征服的土地上建造防御工事，甚至还会建医院。他们铺设了笔直平坦的大道，将征服的领地和罗马连接起来。在修路的过程中，如果前方遇到河流，他们就会修建坚固的石桥。所以，相信我，一个好的军团士兵也是一个技术过硬的工程师，事实的确如此。

罗马百姓一直在使用我们修建的路和桥，但这不是我们修建它们的主要目的。一条笔直的路是从一个地方到达另一个地方的最短路线，沿着我们修建的路行军，速度是最快的。这样我们可以比敌人更快，在战斗中抢占先机。抢先到达战场以后，我们可以武装起来，准备好战斗，这时敌人甚至毫无警觉。

我是医生

我叫本尼哥纳斯·沃洛。罗马的富人生病的时候，会找我看病。

罗马人知道，城里最好的医生都是希腊人。我也来自希腊家庭。他们知道，我在诺瓦的军团医院学到了很多医疗知识。那是一所既大又重要的军队医院。他们知道我的名字"Benignus"（本尼哥纳斯）在拉丁语中是"仁慈"的意思。但我使用的锋利工具让他们感到很害怕，他们也听说过很多外科手术失败造成严重后果的故事。

不幸的是，没有人为穷人看病。他们没有钱请医生。罗马也没有公立医院。所以大多数时候，他们生病后只能祈求神的帮助，希望自己能够好转。有时，看起来祈祷灵验了，但是大多数时候求神都没用。他们通常会病得越来越重，然后去世。很不幸，生活对他们来说很残酷，但即便是最好的医生，没有报酬也不会为人看病。

我的很多疗法听起来很简单。我总用冰凉的黄瓜治疗发烧，用辛辣的胡椒治疗伤风感冒。但有一些疗法就比较神秘了。

有时，我推荐食用蛋黄或者煮熟的动物肝脏治疗眼痛，食用大黄治疗胃痛。有一次，我用从羊身上剪下的脏兮兮的羊毛治疗一位妇女的皮肤病。我认识的一位医生说，把老鼠整只吞掉可以治疗牙疼。其他一些效果比较好的药是用药草或者树皮配制成的，通常我会先将药材在酒里浸泡一下*。

很多药草尝起来是苦的，但总比我用刀进行手术强得多。手术通常需要五六个奴隶按住受惊的病人。因为即便是最好的外科医生使用最好的工具，也得花费很长时间才能锯断坚硬的骨头。恐怕只有最强壮的病人才能挺过这种剧痛。而且病人的血液也会产生毒素，如果血还没有流干的话。

注：文章中提到的医治方法切勿在现实中模仿。

我是总督

罗马军队打败敌人后，被征服的国家就成为罗马帝国的一个行省。不久之后，皇帝就会委任一位总督替他去治理新行省。他任命我为日耳曼尼亚的总督。我是弗拉维乌斯·马略·泰内布里斯。

没有人比皇帝更重要，但在日耳曼尼亚（大概位于今天所说的德国）我是最高长官，是最有权势的人。当帝国需要更多钱的时候，我就会提高日耳曼尼亚人必须上缴的税金。我手下有一个5000人的军团，里面都是训练有素、装备精良的士兵。他们负责维护行省内的秩序。我负责审判，并有权判处罪行深重之人死刑。

我并不是一个受欢迎的人，但我也不会为此而担心。我确定，日耳曼尼亚部族最终会欢迎我们的。他们会明白，对他们和帝国来说，罗马的方式才是正确的方式。我们新盖的建筑物比他们原有的好太多了。他们用泥巴盖房子，用茅草做屋顶。在我们的统治下，他们的城镇更安全、更干净，也更

美丽了。军队正在修建的新路简直棒极了，会使百姓们出行更加便利，也会帮助商人做更多的生意。

　　我清楚，被征服的国家成为罗马帝国的一个行省后，人们的生活会得到改善，因为我就是在一个行省里长大的。我还是个男孩的时候，我的家乡努米底亚被罗马征服，之后就变得富有起来。他们将我的家乡重新命名为非洲诺瓦，在一片从前是荒漠的地方建立起发达的城镇。他们铺设了通往海边和大港口的路。他们甚至允许努米底亚人成为罗马公民，其中有一些人，比如我，因干活卖力成了非常有权势、非常富有的人。

33

我是抄写员

大多数罗马人都不会读写，所以抄写员通过为人们读写可以过上不错的生活。

我叫蔻蒂娅·维尔比斯，是一名抄写员。

在罗马，大多数抄写员都是男性，像我这样的女抄写员比较罕见。我很幸运，我的父亲是一位著名的诗人，他在我童年的时候就教我读写。他觉得读写是一项非常重要的技能，我非常赞同这一点。但并不是人人都这么想。在我生活的时代，甚至非

常富有的人也不会读写，有一些人仅仅会写自己的名字。

我本来想的是长大后当一名教师，把我学到的技能教给别人。但不论是在罗马还是在其他地方，都没有人愿意跟女教师学习。幸运的是，如果一名女性会读写，她还可以做很多事情。例如，我可以读父亲的诗（我非常爱读他的诗），我也可以为其他人阅读信件和文件。

他们会为此支付报酬，如果他们想回信，还要再次付钱给我。商人们也会出钱雇用我为他们拟写做生意需要的法律合同。但是有时候，他们对我的能力有所怀疑。大多数人都不习惯和一位女性谈论他们的工作。他们觉得我不懂他们所说的，还觉得我会把他们的秘密出卖给他们的对手。

我自己用炭黑和胶水制作墨水，将鹅的羽毛削尖当作笔，在莎草纸上书写。这种纸是用纸莎草制成的。我也会把一种叫朱砂的石头磨成粉，用来制作红色的墨水。但是我不经常这样做。因为这种石头很贵，磨成粉要花费很长时间。而且在制作过程中，我感到很不舒服，我怀疑这种石头有毒。

我是面包师

罗马人的主食是面包。所以，不论在哪里，面包师通常都会很忙碌。我是斯普利乌斯·诺斯特，我当面包师已经有二十多年了。

我最初是和父亲一起工作的，但是不久前他去世了。以前家庭主妇们会自己在家和好面，再拿到我们店的烤炉里烘烤面包。现在不是那样了。现在我在自己商店的后厨烘烤面包，而顾客们来我的店里购买，需要多少就可以买多少，或者根据自己的支付能力购买。

这份工作并不是任何人都能做的。因为面包是我们食谱中非常重要的一种食物，所以面包应该怎么做，什么人能烤面包，都是有明文规定的。像我这样的面包师都归面包师公会管理。这个组织监督罗马售卖的面包和甜点的质量。

我烘烤的最好的面包是白面包，这是为最富有的客人烤制的，我用的是从埃及运来的最好的小麦。大多数面包都是扁圆形的，但有时我也会为特殊的场合烘烤不同形状的面包。我喜欢烤制不同类型的面包。面包可以用来搭配牡蛎食用（罗马人超爱各种贝类），还可以搭配牛奶、鸡蛋、奶酪食用。

　　这些面包都很贵，并不是所有顾客都买得起。我也为饥肠辘辘的穷人服务，因此我也会烤制黑面包。黑面包是用燕麦、黑麦等便宜的粮食做成的。在应季的时候，甚至会用橡子来制作黑面包。这种面包容易填饱肚子，卖得非常好，但是又干又硬，所以我告诉顾客们可以蘸着橄榄油食用，这样面包会好咬一些。

我是银行家

我是卢克雷修斯·泰博,一名银行家。在罗马帝国,贸易在人们生活中具有重要的地位。所以,像我这样的银行家总是有很多生意。

我为一些顾客保管金钱，并在另一些顾客需要时借钱给他们。从我这里借钱的人，还回来的数额要比他们借的多一点。这就是我的利润来源。大多数来借钱的都是商人。但是，只要看起来像是有能力偿还的人，我都会借钱给他们。出借的钱是金币或者银币，我们这个时代还没有纸币。如果有人抱怨说这些金币或银币太沉了，我会告诉他多买几个奴隶帮助他携带。

我也进行货币兑换的生意，也就是说我把罗马的货币卖给外国人，他们用自己国家的货币支付。我在罗马没法花这些外国货币，所以我就会找到那些去国外买东西回来卖的商人。他们需要用这些货币在外国收购商品。我把外国货币卖给他们，他们则用罗马货币支付。每一笔货币交换的生意，都能给我带来利润。

我把一些钱锁在家里一个秘密的箱子里。但是，大多数的钱都放在本地神庙的地下室里。人们总是把神庙作为储藏金钱和财宝的安全地方，因为我们相信祭司们不会偷盗。而且罗马人笃信宗教，神庙里每天都有很多信徒，外面还有士兵巡逻，所以小偷很难在不被发现的情况下闯进去。

我知道皇帝也是这么想的。我是怎么知道的呢？因为在罗马，所有的金币和银币都是在一所神庙里制作的。那所神庙叫"警告者朱诺"（Juno Moneta）。英语单词中的"money（钱）"即源于"Moneta"一词。"警告者朱诺"也是我的最爱之一。

我是女富豪

我叫图里娅·多米提拉，是罗马最富有的女人之一。

很多年以前，我的曾曾祖父是皇帝。所以可想而知，我们家族多年来一直很富有。像其他罗马女人一样，我没有选举和被选举权。但是，我的财富让我比罗马社会大多数女性拥有的更多。比如，罗马很多显赫的政治人物都是我的朋友，其中有几个还咨询过我的意见，或者听从了我的建议。

这些男性知道，我不仅是一位女富豪，还是一位成功的商人。我不喜欢无所事事，我在罗马有很多财产，在乡下有好几栋大房子。我的奴隶几乎都种植葡萄树酿酒和种植橄榄树榨油。罗马人用烧橄榄油的灯照明。这些作物都能卖上好价钱，我用赚到的钱在城市里或者城市周边买更多的地和房子。

大多数房子都是公寓楼，我们称为集合住宅（insulae）。我把公寓租给买不起房子的普通家庭。每个家庭只有两间房间可以居住，而我自己的房子则要大得多，自然也非常豪华。

我的美丽房子有集中供暖。每年冬天，有三个奴隶负责照看火炉。火产生的热烟气在地板下流通，使屋里保持温暖。房间里有精致的家具和雕塑。房子外面还有宽敞的大院子，院中修建了带屋顶的游廊，我和朋友们可以坐在游廊下休闲放松。

我还有自己的浴室，这在我们这个时代可不多见。不过，我每周至少会去公共浴室一次。大多数罗马人都去公共浴室，因为那里是会见朋友、谈生意的绝佳场所，也是打探政治信息最好的地方。我总是能听到有趣的消息，知道帝国其他地方发生了什么。

我是角斗士

当皇帝来罗马竞技场观看角斗士表演的时候，竞技场里的观众能达到五万多人。我们角斗士会穿好盔甲，角斗至死亡那一刻。罗马人非常喜欢这种公共娱乐活动。

我们的表演是免费的。有很多种不同类型的角斗士。一些人使用的武器是剑、矛或者一种巨大的、有三个齿的叉子。其他人试图用绳子或者网制服对手。一般的角斗士是与其他角斗士比赛，但我不是。我是斗兽士马克西姆斯，我与野兽搏斗。

我获得的报酬很高，成千上万的观众来观看我的表演，他们叫我英雄。但角斗是非常危险的工作，即便像我这样强壮的人也有这样的感觉。很多年轻勇敢的角斗士都在比赛中丧生了，其中一些还是我的朋友。

观看角斗士角斗至死对你来说可能是一件奇怪的事，但在罗马这是再正常不过的事。人们虽然也喜欢观看战车比赛或者女孩子跳舞，但是这些都不能跟角斗场上的喧嚣和刺激相比。人们会发出雷鸣般的欢呼声，看起来好像整个城市的人都挤进了竞技场。不论是男人还是女人，不论富有还是贫穷，每个人都紧紧盯着赛场，等待鲜血流出来的那一刻。

我角斗的野兽都是非常凶猛危险的异域野兽。我与非洲的狮子、亚洲的熊、美洲豹、鳄鱼等野兽都角斗过。我还和犀牛角斗过，我一枪就刺死了它。我的朋友卡波佛鲁斯曾经在一次角斗中杀死了二十头野兽。我当时也在现场观看，非常佩服他。但是我也非常想打破他的这一纪录。

我是女祭司

我叫芙拉维娅·勒普提斯。我整年都待在巨大的狄安娜神庙里，你在那里总能找到我。

很多年前，我们家族的先人跨越海洋从非洲北部来到这里。我的父亲在意大利南部城市卡普亚工作，赚到了钱。他雇佣数百名奴隶制作砖块、瓷砖和陶罐。父亲去世后，我把工厂卖掉了，搬到了城里。我的大部分钱都被用来建造新的狄安娜神庙了。

不知道你们是否还记得，之前说过在罗马帝国，绝大多数重要的工作都是男性在从事，在卡普亚也是这样。即便是来自最有权势家族的女性也不能成为政治家。但是，宗教在罗马社会十分重

要，所以像我这样的女祭司在社会中扮演着重要的角色。

狄安娜女神属于最高等级的神，这对我很有帮助。罗马人信奉很多不同的神，这些神并不是平等的。由于狄安娜女神的地位，我比其他很多男祭司和女祭司都重要。而且，由于我了解砖块和瓷砖的知识，我的神庙比卡普亚其他的神庙都要大，也更加引人瞩目。

作为一名女祭司，我会在神庙里举行宗教典礼。全年有很多宗教节日，每一次宗教典礼都必须尽心尽力。罗马人相信，城市和国家的兴旺都要依靠不同神的保佑。如果我们忽视或者搞砸了宗教典礼，神就不会保佑我们了。如果发生了这样的事，我们会毁灭的。

你想成为古罗马人吗

你已经见过非常有权势的皇帝和生活在底层的奴隶男孩，见过一位富有的女士，她有大把的时间休闲放松，也见过一位军团士兵，他要背着沉重的行李行军数十千米。现在，你已经了解了一些罗马人，你想碰碰运气，试着做一名罗马人吗？

通过本书前面的内容，你可能已经注意到了，在罗马，不同人的生活差距很大。一个人是富有还是贫穷，是有权势还是活在底层，这对他的生活质量有着非常大的影响。但是即便像皇帝那样拥有很大权力的人，生活也并不总是尽如人意。他们总是小心提防着，怕自己被别人推翻。

在罗马，有权有势之人依靠数量众多的奴隶为他们工作。如果你是一名奴隶，那么你过的生活是悲惨的还是比较不错的，完全取决于你有一个什么样的主人。不管怎样，你都没有权利选择你的人生该做什么。如果你足够幸运，有一天你会获得自由。

不论你选择做一名富有的商人还是辛勤工作的抄写员，有一件事情是确定的。那就是如果你能穿越回到过去成为一名罗马人，你就无法享受到像今天一样的高水平医疗，所以你还是祈祷自己不要生病。而且，作为一名罗马人，你或许能欣赏动听的音乐和优美的舞蹈，观看令人震惊的角斗士比赛，观赏美丽的马赛克画，但你不能从冰箱里拿出零食，悠闲地看电视，或者用手机和朋友聊天，因为这些是几千年后的今天才出现的。

47

哈德良长城

不列颠尼亚
（今英格兰和威尔士）

大西洋

高卢
（今法国及周边国家部分地区）

达尔马提亚
（巴尔干半岛国家）

罗马 ⭕

庞贝
维苏威火山 ●

意大利

伊比利亚半岛
（今西班牙和葡萄牙）

亚该亚
（今希腊南半部地区）

第勒尼安海

西西里

地中海

阿非利加
（今突尼斯）

努米底亚
（今阿尔及利亚）

的黎波里塔尼亚
（今利比亚）

注：罗马时期国与国之间的边境线与现代不同。括号里给出的现代国
　　家只是一个大致的参考。

48

罗马帝国地图

在全盛时期，罗马帝国的影响力从罗马城辐射至现今欧洲、中东和北非的很多地区。

黑海

卡帕多西亚
（今土耳其部分地区）

亚细亚
（今土耳其部分地区）

美索不达米亚
（今叙利亚和伊拉克）

塞浦路斯

克里特岛

犹太
（今以色列和约旦部分地区）

昔兰尼加

埃及

红海

大事年表

以下为古罗马历史上的重要节点，时间跨度从罗马建立、扩张，直至衰落。

公元前753年	公元前509年	公元前312年
罗马城建立，之后的200多年里，这座城市一直由国王统治。	罗马结束王政时代，成为罗马共和国。	罗马的第一条渡槽修建完成，为城里日渐增加的人口供水。

公元43年	公元前27年	公元前30年
罗马入侵不列颠。	罗马帝国时代开启，第一任皇帝是盖维斯·屋大维·奥古斯都。	埃及被罗马入侵，成为罗马人主要的粮食产地。

公元50年	公元61年	公元64年
在今伦敦塔附近，朗蒂尼亚姆被建立起来，成为罗马帝国的重要港口之一。	凯尔特叛军首领布狄卡率军攻打朗蒂尼亚姆，并放火将其夷为平地。	一场大火烧毁了罗马城的大部分地区。数以百计的建筑被烧毁，其中包括皇帝尼禄的宫殿。

公元393年	公元306年	公元238年
狄奥多西皇帝正式将基督教定为罗马帝国的国教。	君士坦丁在英格兰的约克郡被拥立为罗马皇帝，不久之后他放弃原来的宗教信仰，改信基督教。	年仅13岁的皇帝戈尔迪安三世继位，成为罗马年纪最小的统治者，但是他在位不满六年就去世了。

公元401年	公元410年	公元476年
罗马军团开始撤离不列颠。	西哥特人袭击罗马城。这是800年来，这座都城第一次被攻陷。	西罗马帝国最后一任皇帝罗慕路斯·奥古斯都被日尔曼军队打败。这标志着西罗马帝国的灭亡。

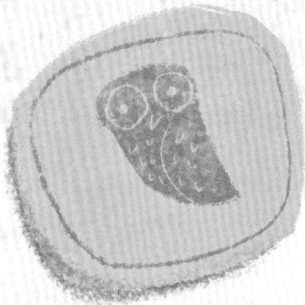

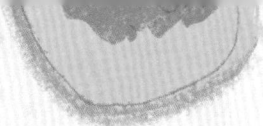

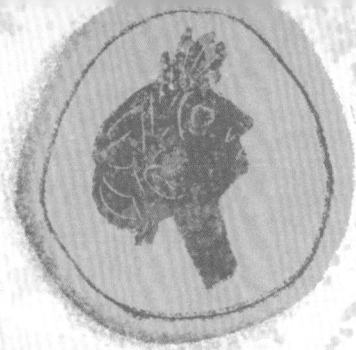

公元前218年	公元前146年	公元前73年
非洲将军汉尼拔带领军队骑着大象，翻越阿尔卑斯山，攻打罗马共和国。	罗马征服希腊，成为希腊艺术和建筑的狂热仰慕者。	角斗士斯巴达克率领奴隶进行反抗奴隶主的战斗。

公元前45年	公元前50年	公元前59年
恺撒宣布自己是罗马新的统治者。但第二年，他就被那些忌惮他权力过大的朋友谋杀了。	罗马第一次使用金币作为货币。	罗马出现了第一份报纸。内容被刻在金属或者石头上，放在元老院门口，供受过教育的罗马人阅读。

公元79年	公元80年	公元100年
维苏威火山爆发，厚达数米的火山灰和山石将庞贝古城完全掩埋。至少有16000人遇难。	罗马竞技场建造完成。它是世界上最大的建筑之一，能容纳几万名观众同时观看角斗士表演或者其他公共娱乐活动。	罗马修建的超过12800千米的新道路，使得在不列颠周边运输军队和物资更加容易。

公元125年	公元121年	公元117年
重建的罗马万神殿竣工，这座圆形神庙有着世界上最大的穹顶。	罗马军团修建哈德良长城，成为横跨不列颠北部的重要防御工事。	在皇帝图拉真的统治下，罗马帝国版图达到最大，约有500万平方千米，国土包括欧洲、亚洲和非洲的很多地方。

罗马时代的名人

以下是罗马时代的一些名人。

斯巴达克（约公元前111年—前71年）

斯巴达克原本是一名士兵，后来成为奴隶，被训练成角斗士。他逃了出来，带领其他逃亡的奴隶组建起义军进行反抗，后战败。

尤利乌斯·恺撒（公元前100年—前44年）

恺撒是一位著名的军事家和政治家，他征服了高卢人。回到罗马后，他掌握国家大权，成为一名独裁者，后来被暗杀。

马克·安东尼（约公元前83年—前30年）

安东尼同样是一位军事家和政治家，也是恺撒的有力支持者。恺撒死后，安东尼和恺撒的养子及继承人屋大维为争夺权力而战斗。不久后安东尼逃到埃及，在屋大维的军队占领亚历山大港之后，他死在了克里奥佩特拉女王的怀抱里。

克里奥佩特拉（公元前69年—前30年）

埃及最后一位真正的女法老。克里奥佩特拉因她的智慧而闻名。她和恺撒及安东尼都有着感情和政治上的关系。在被屋大维的军队威胁时，她不愿被俘虏，选择让毒蛇咬伤后中毒而死。

奥古斯都（公元前63年—公元14年）

罗马帝国第一位皇帝，他之前的名字是屋大维。在打败安东尼和克里奥佩特拉之后，他统治了帝国达40年之久。英文单词August（八月）来源于他的名字奥古斯都（Augustus）。

奥维德（公元前43年—公元17年）

罗马著名的诗人，他的作品至今仍在被人传诵。

霍腾西娅（公元前1世纪）

她是第一位在罗马城市广场进行演讲的女性。公元前42年，有人提议向罗马最富有的女性征收财产税，作为内战的资金。这一提议被霍腾西娅在辩论中成功驳斥。

皇帝尼禄（公元37年—68年）

皇帝尼禄被认为可能患有精神病。他在位期间，罗马城有三分之二在大火中被烧毁，而他坐在宫殿里袖手旁观。甚至有人认为是他点燃了这场大火。

哈德良（公元76年—138年）

哈德良皇帝重新修建了罗马万神殿。但他最为著名的事迹是修建了哈德良长城。这是一段约117千米长的防御工事，位于不列颠，代表罗马帝国的西北边界。

希帕蒂娅（公元370年—415年）

著名的发明家和天文学家。她在埃及的亚历山大港教授数学和哲学。

古罗马的发明和技术

古罗马时期，已经有了不少先进的技术发明，有些甚至沿用至今。

集中供暖

由于采用地下供暖系统，富有的罗马人在冬天也可使室内保持温暖。地板被瓷砖做成的圆柱支撑起来，下面是一个火炉，里面有流通的热空气。

渡槽

渡槽是古代用来运输水的体系，将水从湖泊或者溪流引入城市。有了持续不断的水供应，废弃物可以被冲进排水沟，城市和城市里面生活的人们可以保持干净卫生。

混凝土

罗马的混凝土是用碎石、火山灰和水混合在一起制作成的。这种混凝土非常坚固。在几千年后的今天，很多罗马建筑，比如竞技场、万神殿、城市广场等仍然屹立不倒。

拱券

虽然拱券不是罗马人发明的，但是他们发现了使用拱券的最好方式，并能想出办法使拱券更美观、更牢固。很多罗马的桥、渡槽和建筑物都使用拱券，直到今天其中有些建筑依然存在。

邮政服务

由于罗马帝国非常大，人们需要用一种可靠的方式彼此保持联系。奥古斯都皇帝创建了罗马驿道，邮差携带信息和公文沿驿道直奔目的地。

罗马诸神

罗马人信奉很多神。他们觉得，每一次成功都是因为他们能让神保持开心才有的结果。罗马人供奉十二位主神。

朱庇特

众神之王，天空和雷电之神。他手持闪电作为武器。

希腊名称：宙斯
神圣动物：雄鹰

朱诺

生育女神，女性的庇护者，也是罗马城的守护女神。她是朱庇特的妻子，玛尔斯和伏尔甘的母亲。

希腊名称：赫拉
神圣动物：孔雀

玛尔斯

战争之神，朱庇特和朱诺的儿子，建造罗马城的双胞胎兄弟罗慕路斯和雷穆斯的父亲。玛尔斯也是士兵和农民的守护神。

希腊名称：阿瑞斯
神圣动物：狼、啄木鸟、熊

维纳斯

爱与美的女神，也是繁荣兴旺之神。维纳斯是爱神丘比特的母亲。

希腊名称：阿佛洛狄忒
神圣动物：鸽子

阿波罗

阿波罗也被罗马人称为福玻斯。阿波罗是太阳神，也是音乐、诗歌、箭术、医疗之神。

希腊名称：阿波罗
神圣动物：鹰、乌鸦、蛇、天鹅、狼、海豚

狄安娜

狩猎女神、月亮女神。狄安娜通常以手持弓箭的形象示人。

希腊名称：阿尔忒弥斯
神圣动物：鹿、猎狗

墨丘利

旅游、交通和商贸之神。他是众神的信使，通常以穿着带翅膀的鞋子的形象示人。

希腊名称：赫尔墨斯
神圣动物：乌龟、公羊、雄鸡

克瑞斯

季节、农业和丰收女神。罗马人相信，是克瑞斯发现了种植庄稼和耕种土地的方法。

希腊名称：德墨忒尔
神圣动物：猪

维斯塔

炉灶和家庭女神。维斯塔是最古老的神之一。她是面包师的守护神。罗马每一个家庭都会供奉她。

希腊名称：赫斯提亚
神圣动物：驴

伏尔甘

火、铁匠和火山之神。伏尔甘为众神和英雄们制造盔甲和武器。朱庇特的闪电武器就是他制造的。

希腊名称：赫菲斯托斯
神圣动物：狗、鹤

密涅瓦

智慧、谋略、医药女神。她也是艺术和工艺的守护神。密涅瓦是朱庇特的女儿，传说她披坚执锐从父亲的头颅里出生。

希腊名称：雅典娜
神圣动物：猫头鹰

尼普顿

淡水和海洋之神，朱庇特的兄弟。尼普顿以驾驶着海马拉的战车的形象示人。所以他也是赛马活动的庇护神。

希腊名称：波塞冬
神圣动物：海豚、马

拉丁文

罗马人讲拉丁文。但现在这种语言只是用来给事物进行科学命名，或者梵蒂冈举行宗教活动的时候才会使用。

罗马人最初只使用大写字母，词与词之间没有空格，只用点来分隔。这也许是因为人们平时经常在打了蜡的平板上书写，而上面空间有限。小写字母和标点符号是很久以后才开始使用的。罗马人当时使用23个字母，而不是现代罗马字母的26个。字母J、U、W直到中世纪才出现在字母表中。

很多现代语言都源于拉丁语，比如法语、西班牙语、葡萄牙语、意大利语和罗马尼亚语等。这些语言被称为罗曼语族。学习一点拉丁语对学习这些罗曼语族有帮助，因为它们都有相似之处。

CAVE · CANEM
（当心有狗）

考古学家在庞贝古城的废墟里发现了一幅令人难以置信的马赛克镶嵌画，它位于一间房屋入口处的地面上。画上画着一只颈上拴着皮带的狗，还有警告人们不要擅自闯入，否则责任自负的文字。

你好：SALVE

再见：VALE

你叫什么名字？：QUOD EST TIBI NOMEN?

我叫……：MIHI NOMEN EST . . .

你好吗？：QUID AGIS?

我很好：BENE SUM

几点了？：QUID TEMPORUM EST?

左：SINISTER

右：DEXTER

第一：PRIMUS

第二：SECUNDUS

第三：TERTIUS

罗马数字

罗马帝国衰落很久之后，人们仍然在使用罗马数字。但是后来，罗马数字逐渐被今天人们所使用的阿拉伯数字取代了。

1	I	20	X X	300	CCC
2	II	30	X X X	400	CD
3	III	40	XL	500	D
4	IV	50	L	600	DC
5	V	60	LX	700	DCC
6	VI	70	LX X	800	DCCC
7	VII	80	LX X X	900	CM
8	VIII	90	X C		
9	IX	100	C	1000	M
10	X			2000	MM
		200	CC	3000	MMM

几种数字符号并列的情形

当一个数字符号出现在比它大或者与它相等的数字之后时，这两个数字要相加。

例：VI = V + I

如果一个数字符号出现在比它大的数字之前，那么要用大的数字减去小的数字。

例：IV = V - I

在一个组合数字中，相同的单个数字不能出现超过三次。

罗马军队

罗马军队的规模一直保持在50万人以上。这些训练有素的战争机器是罗马帝国强大的原因之一。

这是罗马士兵所戴的头盔。有时头盔上面装饰有马的鬃毛做成的冠，就像右图中这样。

军队被划分为很多军团，每个军团约有5000人。军团又被划分为更小的单位，叫百人队。百人队的负责人被称为百人队长。

罗马军队所有士兵的身体都必须非常健壮，才能在携带沉重的装备整日行军后还有力量战斗和安营扎寨。在战斗的同时，军队也会修建新路、桥、防御工事和渡槽等。

这是罗马士兵使用的矛，称为短柄枪。枪杆是木头的，尖利的枪头是用铁制成的。

士兵们必须穿着用层层铁片制作的沉重铠甲。他们会在铠甲里面穿着长至膝盖的短袍，防止铠甲的金属片擦伤皮肤。

这是士兵使用的带有弧度的矩形盾牌，称为长盾。士兵们把盾牌举起，放在头部前方，抵挡射过来的箭。

罗马饮食

很多罗马人的饮食和现代地中海地区的人相差不多，但是他们也会食用一些你无法想象的、新奇的外来食品。

罗马人通常每日有三餐，早餐、午餐和晚餐。其中，晚餐是最丰盛的一餐。贫穷的罗马人大多数时候吃的是咸味的粥状炖煮食物，称为浓汤，里面有麦子、小米、玉米和蔬菜。

富有的罗马人的食物要丰富得多。他们的晚餐有很多道菜，通常会持续几个小时。其中包括橄榄、牡蛎、海胆、孔雀、蜗牛以及火烈鸟舌头。当时流行的一种美食是烤睡鼠蘸蜂蜜。

像罗马人一样烤面包

原料

500克面粉

350毫升水

一勺半橄榄油

盐适量

1. 将烤箱预热至180摄氏度。
2. 在一个大碗中加入面粉和适量的盐，并混合均匀。
3. 将橄榄油倒入碗中。
4. 缓慢加水，不停地搅拌，直到面团不太黏也不太干。
5. 将面团揉成圆形，放置在撒有少量面粉的烤盘中。
6. 现在可以在面团上留下你的记号啦！用刀将面团顶部分成八份。
7. 将面包放入烤箱，烘焙45分钟。

术语表

百人队：罗马军队里军团下面划分的小组。

长盾：罗马士兵使用的带有弧度的矩形盾牌。

大型响板：一种木制的、用脚踩的古罗马乐器。

短标枪：罗马士兵使用的矛，枪杆是木头的，尖利的枪头是用铁制作的。

贵族：罗马社会最富有的阶层。

集合住宅：拥有者通常是罗马富人，他们会把这种住宅出租给那些买不起房子的人。

警告者朱诺：位于罗马的一间神庙，罗马的金币和银币是在那里制造的。

军团：罗马军队划分成的单位。每个军团大约有五千人。

军团士兵：罗马军队里的步兵。

军团医院：在战争期间，当罗马军队行军离开罗马帝国国境时，会设立军团医院。罗马只会设立战时军团医院，并没有为百姓看病的公共医院。

军团长：罗马军团的长官。

蜡板：通常使用木头或者骨头制作而成，上面会打上一层蜡供人们书写使用。罗马学校用这些蜡板来代替莎草纸，因为它们更便宜。

面包师公会：管理面包师的组织，确保在罗马售卖的所有面包和甜点都有较好的质量。

浓汤：咸味粥状炖煮食物，里面有麦子、小米、玉米、蔬菜等。

平民：罗马社会的平民，受贵族统治。

提比亚：罗马的一种管乐器，由两根管子并排固定在一起制作而成。

西哥特人：早期日耳曼人（属于哥特人的一支）。西哥特人袭击罗马领土，在高卢（今法国）和伊比利亚半岛（今西班牙和葡萄牙）建立王国。

元老：元老院成员。元老是被任命的，受皇帝控制，并非由选举产生，通常元老是富有的贵族。

元老院：罗马帝国负责治理国家以及为国王或皇帝提供建议的机构，成员通常来自罗马权贵家族的重要而富有的人。

自由民：获得自由的奴隶。

参考学习资料

　　如果想进一步了解古罗马历史，有机会可以去参观以下博物馆和历史遗迹。中国也会不定期举办有关古罗马文明的展览活动，你也可以留意信息，到时候参观。

博物馆
■■■■■■■■■■■■■■■■■■■■■■■■■■■■■■■■

大英博物馆
伦敦

伦敦博物馆
伦敦

科里尼翁博物馆
格洛斯特郡赛伦赛斯特市

罗马军团博物馆
南威尔士纽波特市

赛格杜纳要塞博物馆
纽卡斯尔沃尔森德市

英国境内罗马遗迹
■■

哈德良长城
英格兰北部

罗马浴室
巴斯

安东尼墙
苏格兰

罗马城内古代遗迹
■■■■■■■■■■■■■■■■■■■■■■■■■■■■■■■■

罗马竞技场
古罗马角斗竞技场

万神殿
保存最完好的罗马时期神庙，里面供奉了所有的神。

罗马城市广场
形成罗马帝国枢纽的神庙、宫殿、商店的遗址。

卡拉卡拉浴场
大型温泉浴场遗址，有桑拿浴、浴室以及奥运会规格尺寸的游泳池。

亚壁古道
古罗马最早也是最重要的一条路，现在你仍可以在这条古道上漫步。

切德沃斯罗马别墅
格洛斯特郡切尔滕纳姆市

菲斯波恩罗马宫殿
西萨塞克斯郡奇切斯特市

索引